Había una vez en un pueblito
un viejito y una viejita.
Estaban muy tristes porque no
tenían hijos. Siempre soñaban
con algún día tener un hijo.

1

Un día fueron al mercado
y compraron una sandía muy
grande. ¡Qué sorpresa!

Cuando cortaron la sandía
saltó un niño pequeñito
del tamaño de una semilla.

Los viejitos estaban muy contentos.
Lo nombraron Pequeñito Toñito
porque era tan chiquitito.

El Pequeñito Toñito creció pero
nada más llegó al tamaño
de un dedo.

El Pequeñito Toñito era muy bueno con su mamá.

Le ayudaba a lavar los trastes.

El Pequeñito Toñito también
le ayudaba a su mamá

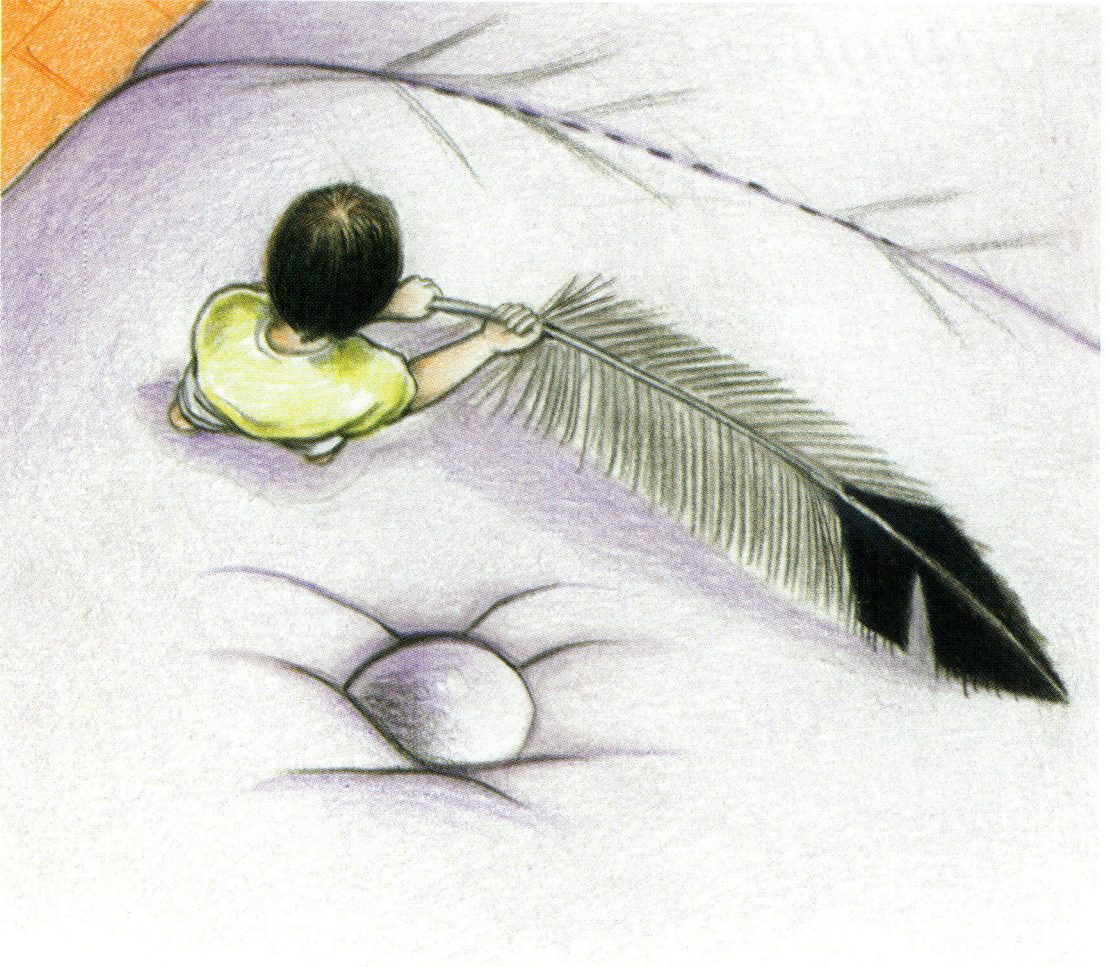

a sacudir los muebles de la casa.

El Pequeñito Toñito también era
bueno con su papá.

Le ayudaba a ordeñar la vaca.

El Pequeñito Toñito le ayudaba
a su papá a juntar las manzanas
de la huerta.

El Pequeñito Toñito era muy
chiquitito, pero había aprendido
de sus papás,

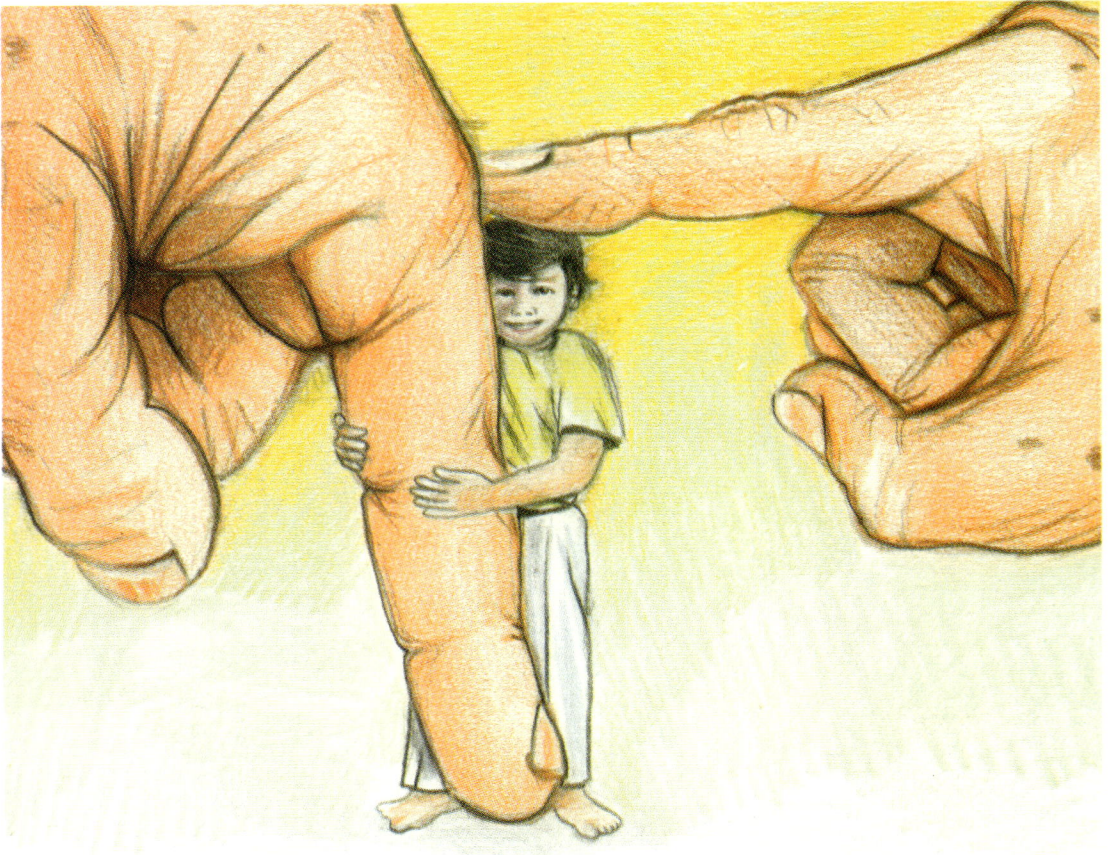

—Aunque seas pequeñito, siempre
puedes ayudar.